John Lemoinne

Mœurs électorale de la Grande-Bretagne

essai

ISBN : 978-1541085152

10 9 8 7 6 5 4 3 2 1

John Lemoinne

Mœurs électorale de la Grande-Bretagne

essai

Table de Matières

Mœurs électorale de la Grande-Bretagne

Il y a, dix ans à peine que l'Angleterre, a échappé à une révolution par une réforme, et qu'elle a su s'épargner, en accomplissant un progrès volontaire et régulier, les douloureuses épreuves qui accompagnent toujours les mouvements subits des peuples. La révolte et la victoire de Paris venaient d'éclater comme un obus sur le monde ; le volcan révolutionnaire, ouvert durant trois jours, avait répandu ses flots de lave sur les nations environnantes ; le premier ministre de l'Angleterre jetait, au milieu de la chambre des lords, ces paroles de Pitt : « Si le parlement ne se réforme pas lui-même, il sera réformé par la pression du dehors et par la colère du peuple ; » tandis que les défenseurs désespérés de l'oligarchie s'écriaient en se voilant la tête : « Ceux qui vont nous suivre assisteront à la chute de la monarchie. »

Qui n'aurait cru alors que la dernière heure de l'aristocratie anglaise était venue ? qui n'aurait cru que cet arbre séculaire, ébranlé par les coups de la démocratie, allait tomber avec toutes ses branches en entraînant dans sa chute les institutions qui avaient si longtemps grandi sous son ombre ? Et cependant, dix ans à peine se sont écoulés, et déjà la phalange patricienne a rallié ses forces un moment dispersées ; elle a reconquis une à une toutes les positions qu'elle avait perdues ; elle est sortie avec une vie nouvelle de cette crise qui devait lui servir de tombeau, et nous venons de voir ses représentants, après un exil passager du pouvoir, y être ramenés triomphalement par la voix populaire.

Ce qui a fait le caractère principal de cette réaction, si clairement manifestée par les dernières élections, c'est qu'elle n'a pas été l'œuvre d'un caprice ni 'un mouvement d'enthousiasme : la majorité conservatrice a grossi lentement comme une mer qui s'enrichit du tribut des fleuves ; elle a grandi avec la régularité majestueuse et la force irrésistible de la marée montante, jusqu'au moment où elle a envahi le siège du pouvoir.

Cette résurrection de la prépondérance aristocratique en Angleterre jette un nouveau jour sur le véritable caractère du bill de réforme. Nous ne voulons point déprécier cet acte célèbre, mais nous croyons que ceux qui l'ont provoqué, comme ceux qui l'ont

John Lemoinne

combattu, se sont également mépris sur la portée réelle du bill, et qu'en voulant y voir presque une révolution démocratique, ils ont oublié la différence profonde qui existe entre des institutions démocratiques et des institutions libérales.

La réforme a été un grand pas vers le progrès, mais en ce sens seulement que la constitution anglaise a marché de l'oligarchie à l'aristocratie. Il y a eu une diffusion plus grande de l'influence politique, mais cette influence n'est pas sortie du sein de la grande propriété. Au moment où le gouvernement de lord Grey entreprit de réformer la représentation nationale, le système des bourgs pourris avait pris un tel développement, que l'indépendance de la couronne, plus encore que celle du corps électoral, était sérieusement menacée par cette concentration des majorités dans un petit nombre de mains.

Ainsi, la majorité de la chambre des communes était nommée par moins de 15,000 électeurs. Plusieurs bourgs qui avaient droit de représentation au parlement, ne possédaient que 12, 10 ou 6 votants privilégiés. Gatton et Old Sarum, qui portent des noms célèbres dans les fastes de la corruption électorale ; n'avaient en réalité qu'un seul électeur. A Gatton, il y avait six maisons ; à Old Sarum, il ne restait que les ruines d'un ancien château qui conservaient cependant le privilège de se faire représenter. Lord John Russell ne pouvait-il pas dire justement : « Si un étranger venait voir comment cette sage et grande nation choisit ses représentants, ne serait-il pas profondément surpris si on lui montrait un monticule de verdure en lui disant qu'il envoie deux représentants au parlement, ou si on le menait à une muraille de pierre, en lui disant qu'elle nomme aussi deux représentants, ou si on le faisait promener dans un parc sans vestige d'habitation, en lui disant que ces arbres qu'il voit nomment encore deux représentants. »

On avait calculé que sur 658 membres du parlement, il y en avait 16 nommés par l'influence du gouvernement ; et 471 par l'influence de 144 pairs et de 124 grands propriétaires. 7 pairs seulement faisaient nommer 63 membres de la seconde chambre. Le duc de Norfolk en faisait nommer 11 ; les ducs de Rutland et de Newcastle, chacun 7.

Ces bourgs, qui ont gardé le nom historique de bourgs pourris, se vendaient ou se transmettaient héréditairement avec leurs droits de représentation. Gatton fut acheté, en 1795, pour la somme de 2,750,000 francs. « Les sièges au parlement, disait M. Sheil, se vendent en plein vent ; il s'est établi une sorte de bazar parlementaire pour la vente des franchises du peuple ; on a vu les bourgs figurer dans les contrats de mariage et servir de dot. Dans l'Orient, quand une sultane se marie, il est d'usage de lui donner une province pour ses colliers, une autre pour ses bracelets, une autre pour sa ceinture ; sous notre système de représentation, nous ne serions pas étonnés de voir une femme à la mode recevoir Old Sarum pour ses épingles, et Gatton pour son douaire. »

Et cependant ces bourgs pourris eux-mêmes présentaient un singulier mélange de bien et de mal. C'était par cette porte qu'entraient des jeunes gens pleins d'avenir, mais sans fortune, et que la protection de quelque grande famille plaçait d'emblée sur la scène, dont leur pauvreté leur eût interdit l'accès. Les plus grands hommes parlementaires de l'Angleterre, Pitt, Fox, Burke, Sheridan, Canning, Brougham, sont entrés dans le parlement par des bourgs pourris ; de telle sorte que ces bourgs, qui faisaient la honte de la représentation anglaise, étaient particulièrement l'apanage et presque la seule ressource de ce qu'on appelle aujourd'hui les capacités. Un des membres les plus distingués de la chambre des communes, M. Milnes, écrivait dernièrement : « Les destinées de notre pays dépendent beaucoup plus des personnes qui l'administrent et le guident, que d'aucune mesure particulière de progrès et de réforme… Elles reposent surtout sur le caractère de ceux qui composent la majorité dans la chambre des communes. Pour des hommes d'un caractère plus réfléchi qu'énergique, une élection contestée est déjà une entreprise très pénible ; déjà la chambre des communes est devenue moins distinguée, moins lettrée, moins propre à une discussion grave, moins attentive pour l'âge et l'expérience, plus passionnée pour les luttes personnelles, plus tolérante pour la trivialité et la grossièreté. Déjà le philosophe radical se retire avec joie de cette arène pour aller retrouver ses livres ; déjà le gentilhomme conservateur retourne à ses occupations rurales, et l'homme de lettres à la contemplation plus paisible de l'art et de la nature ; déjà la science étroite. et, bornée, la volonté brutale, l'ambition grossière, envahissent la chambre et la mènent à ce terro-

John Lemoinne

risme démocratique qui est la plaie des nations libres. Le penseur paisible et laborieux, qui, sans aucun calcul d'ambition, est prêt à consacrer à son pays l'expérience de ses longs travaux, ne quittera plus son foyer et ses livres pour s'exposer à de pareilles épreuves… Et quand vous aurez livré le parlement à de telles passions que les plus braves et les plus forts oseront seuls les affronter, vous aurez séparé les éléments d'action et de volonté des éléments de proprié-té et de réflexion, et d'un tel divorce il ne peut sortir que du mal. »

Sans doute, si la suppression des bourgs pourris avait mis un terme aux abus qui dégradaient en Angleterre la représentation nationale, des considérations philosophiques, quelque spécieuses qu'elles fussent, ne pourraient citer à cet acte de justice sa légitime valeur. Malheureusement, il est devenu aujourd'hui incontestable que le bill de réforme, au lieu d'éteindre a corruption électorale, n'a fait, sous certains rapports, que lui donner une nouvelle impul-sion, et nous aurons l'occasion de donner des preuves nombreuses de l'exactitude de cette assertion.

Une des dispositions les plus efficaces du bill de réforme a été celle qui a multiplié le nombre des bureaux où l'on reçoit les votes, et qui a réduit le nombre des jours pendant lesquels les électeurs avaient la faculté de voter. Avant la réforme, il n'y avait pour chaque collège qu'un seul bureau d'inscription, qui devenait ainsi une espèce de place forte dont les premiers occupants ne permet-taient l'accès qu'à leurs amis, et qu'il fallait emporter d'assaut. De plus, les électeurs avaient quinze jours pour se faire inscrire, ce qui faisait quinze jours de cohue, de pugilat et de véritables batailles, très souvent sanglantes et assez souvent mortelles. Il y a dans les chroniques électorales de l'Angleterre des récits fabuleux sur ces campagnes de quinze jours qui tiennent tout-à-fait du roman. « Cet heureux temps n'est plus. » La Grande-Bretagne a beaucoup dégénéré sous le rapport du pittoresque. Depuis que, par l'effet du bill de réforme, le nombre des bureaux d'inscription a été multi-plié indéfiniment selon le chiffre de la population, depuis que le nombre des jours de vote a été réduit de quinze à un seul pour les villes, et à deux pour les comtés, les élections ont perdu une grande partie de leur physionomie proverbiale.

L'Irlande seule a conservé le dépôt de ces traditions. Dans ce mal-heureux pays, où l'antagonisme des religions se perpétue de siècle en siècle, où la population est divisée en race conquérante et en race conquise, et où il y a une barrière infranchissable entre ceux qui possèdent et ceux qui ne possèdent pas, le peuple est obligé de combattre, par l'intimidation brutale et la force ouverte, l'intimidation plus inique peut-être, quoique légale, de ses maîtres. Le prêtre catholique et le *landlord* protestant sont en présence ; le propriétaire dit à son fermier : « Vote pour mon candidat, où je te chasse de ta masure, » tandis que le prêtre lui dit. : « Vote pour le mien, où je te maudis et je te chasse du ciel. » Et le malheureux votant, ainsi placé entre l'expropriation et l'excommunication, suspendu entre le ciel et la terre, partagé entre le soin de son corps et le soin de son âme, ne peut pas même se dérober à son sort par la fuite ou la neutralité. De pareilles mœurs ne pouvaient être affectées par la législation tant que les circonstances qui les avaient créées restaient les mêmes. Aussi, depuis comme avant le bill de réforme, les élections irlandaises ont toujours été fécondes en scènes de tumulte, de violence, et quelquefois de carnage. « Dans un des comtés, dit un écrivain réformiste, nous avons vu tirer des coups de fusil sur la voiture du candidat, nous avons vu des bandes armées cerner les votants dans leurs maisons et les forcer, le pistolet sur la poitrine, à promettre leurs voix ; nous avons vu les électeurs ne pouvoir aller voter qu'avec une escorte de soldats ; ailleurs, nous avons vu creuser un fossé au milieu d'une grande route pour y faire verser la malle-poste qui transportait des votants opposés au candidat libéral. »

Ailleurs aussi, c'est M. O'Connell qui menace les électeurs qui ne voteraient pas pour les candidats catholiques de faire marquer leur porte avec des os en croix et une tête de mort. Ou bien, c'est un prêtre qui, du haut de la chaire, dit aux électeurs récalcitrants : « Vous ne faites plus partie de notre église ; sortez du lieu saint : vos femmes vous abandonneront, la vengeance du ciel tombera sur vous en ce monde, et vous entrerez dans l'autre monde avec la marque de Caïn sur le front. »

Sans aller plus loin qu'aux dernières élections, celles de 1841, nous pourrions rencontrer des exemples nombreux de ce genre d'intimidation. Nous en choisirons quelques-uns dans les dépositions qui ont été faites devant les comités d'enquête de la chambre des communes. Un électeur de Cork dépose ainsi : « Je vis une

John Lemoinne

grande foule avec des branches vertes, qui attaquait les électeurs conservateurs. Un nommé Woods, qui avait voté pour Leader, fut suivi par des gens en guenilles ; je courus après lui, et je vis deux hommes qui l'assommaient à coups de bâton. Je ne voulus plus voter ; j'eus peur, et j'allai avertir mon père et mon frère, pour les empêcher de venir voter. »

Un autre dépose dans les termes suivants : « Je venais de voter, quand je fus assailli dans la rue par une bande nombreuse. Un de ces hommes me jeta mon chapeau par terre, un autre me donna un coup de bâton sur la tête. Je me jetai dans une boutique ; j'avais la tête entamée, et je saignais abondamment. »

Les électeurs sur lesquels on voulait exercer « l'intimidation » étaient marqués à la craie sur le dos. On les enlevait, on les emportait dans des maisons, et on leur faisait prêter serment de voter pour tel ou tel candidat. Un autre électeur de Cork dépose ainsi : « Je fus traîné jusqu'à la maison de M. Donovan, le prêtre catholique. On fut quelque temps à ouvrir la porte, et je reçus nombre de coups de pieds. Je fus gardé dans la maison du prêtre pendant une heure et relâché sous la condition que je voterais pour O'Connell, ce que je promis de faire. »

Il faut rendre justice aux entrepreneurs d'élections ; ils y mettaient de l'humanité, et, quand ils avaient fait des blessés, ils avaient soin de leur amener des médecins pour les panser. « J'eus la tête ouverte par une pierre, dit un de ces malheureux hommes libres ; plusieurs autres avec moi furent blessés. Nous nous réfugiâmes dans une auberge d'où l'on nous empêcha de sortir ; on fit venir un chirurgien pour nous panser. »

Il y en avait d'autres auxquels on faisait faire des voyages improvisés dans des lieux inconnus. « Je fus entouré par la foule, dit un électeur de Newmarket, et je fus traîné dans la maison que je venais de quitter. On me mit sur un cheval et on m'emmena à quatre milles de là. On me fit promener dans des montagnes que je n'avais jamais vues auparavant ; on me fit entrer dans une maison, et j'y restai plusieurs jours. Ceux qui m'avaient emmené dirent aux gens de la maison de me garder, de ne me laisser manquer de rien, et de me donner à boire et à manger à discrétion. »

Si de pareilles mœurs pouvaient être excusées et justifiées, elles le devraient être en Irlande, où il ne reste à la race dépossédée que cette seule ressource contre l'oppression. Mais ce genre d'intimidation, qu'on pourrait appeler l'intimidation de bas en haut, en opposition avec l'intimidation de haut en bas, a, sauf quelques exceptions dont nous parlerons, presque entièrement cessé d'exister en Angleterre depuis la réforme. Les mœurs, ou du moins les mœurs extérieures, y ont beaucoup gagné : de grands scandales ont cessé d'affliger la pudeur publique ; mais la liberté des électeurs et l'indépendance des votes ont-elles participé à cette amélioration ? Nous ne le croyants pas. Bien plus ; ainsi que nous l'avons dit, l'acte de réforme n'a fait, sous certains rapports, qu'ouvrir de nouvelles portes à la perversion des mœurs électorales, et toute l'influence dont disposait l'intimidation illégale a été jetée dans la balance de l'intimidation légale et de la corruption. Encore une fois nous ne voudrions point médire de l'acte de réforme. C'a été une mesure grande, juste et libérale ; toutefois, il ne faut pas imaginer qu'elle ait atteint sensiblement la puissance de l'aristocratie. Pouvait-on raisonnablement croire que le parti whig, qui comptait autant de grands propriétaires que le parti tory, et qui contenait dans son sein le plus noble et le plus vieux sang de l'Angleterre, celui des Howard ; des Russell, des Cavendish et (en ce temps-là) des Stanley, introduirait de ses propres mains dans la constitution anglaise la prédominance de l'élément démocratique ? Il est extrêmement curieux de voir comment s'y prirent les auteurs du bill de réforme pour étendre la base du droit de suffrage sans altérer l'essence aristocratique des institutions, et comment, de son côté, le parti de la résistance s'empara de l'arme libérale que l'on voulait tourner contre lui, et sut trouver de nouveaux éléments de force et d'autorité dans ce qui devait, disait-on, porter un coup mortel au monopole dont il jouissait depuis tant de siècles.

Nous avons vu par quels singuliers droits héréditaires attachés à quelques misérables bourgs, quelquefois à des ruines, la plus grande partie de la représentation nationale était concentrée entre les mains d'une centaine de pairs. Que fit le bill de réforme ? Il enleva la franchise à ces pierres inertes, et la donna à des créatures animées ; mais il la distribua de telle façon que la propriété foncière, qui est, dans tous les pays du monde, la base véritable et légitime de l'influence aristocratique, obtint dans la représen-

John Lemoinne

tation nationale une part encore plus grande que celle qu'elle avait précédemment. Ainsi, tandis que lord John Russell, en qui se personnifie plus particulièrement l'acte de réforme, donnait la franchise à Manchester et à plusieurs autres villes, il augmentait en même temps considérablement le nombre des représentants des comtés. Cette clause fut, si l'on veut nous passer la comparaison, le morceau de sucre mis dans la médecine que l'on voulait faire prendre à l'aristocratie. Les intelligents patriciens, en gens habiles, commencèrent par accepter l'indemnité qu'on leur offrait, puis ils glissèrent innocemment dans le bill de réforme deux clauses qui en détruisirent presque tout l'effet et les rendirent eux-mêmes plus puissants que jamais. Ces deux clauses furent : celle qui donna le droit de suffrage aux *tenants at will* (fermiers sans bail), et celle qui le conserva aux *freemen* (membres des corporations). C'est une considération digne de remarque, que ces deux mesures ont pour principe l'extension et non la restriction du droit de suffrage ; que toujours nous voyons le parti véritablement libéral chercher à réduire, et le parti aristocratique chercher à multiplier le nombre des électeurs : tant il est vrai que la liberté ne constitue pas par elle-même l'indépendance, et que, dans les pays où l'exercice régulier des droits politiques n'est pas assuré par la propriété, toute extension nouvelle du droit de suffrage ne peut qu'apporter une nouvelle somme d'influence à l'aristocratie.

La création et le maintien des deux classes d'électeurs que nous venons de nommer ont suffi pour altérer toutes les conséquences que contenait en germe le bill de réforme, et pour faire de cet acte célébré comme une boîte de Pandore d'où se sont répandus sur la surface de l'Angleterre des trésors jusque-là cachés d'intimidation et de corruption.

Pour que l'on ne nous soupçonne point d'attaquer injustement le bill de réforme, nous emprunterons le témoignage d'un des partisans les plus décidés de cette mesure, du membre le plus radical du dernier ministère, M. Macaulay. L'ancien ministre de la guerre disait : « Le mal dont nous nous plaignons n'a fait que s'accroître dans les dernières années, et je ne puis me dissimuler que la faute en est en grande partie au bill de réforme. C'est, du reste, le sort commun de toutes les grandes mesures de progrès. La réformation de l'église a engendré une classe de maux moraux inconnus au temps des Plantagenets, et la révolution, ce grand évènement qui a assuré notre liberté civile et religieuse, a donné naissance à des crimes que le règne des Stuarts n'avait jamais vus. C'est ainsi que le bill de réforme, tout en conférant au peuple de grands bienfaits, a produit de nouveaux et a aggravé d'anciens maux : il a balayé des abus, mais il a donné une nouvelle vie aux abus qu'il a épargnés. Il a tari certaines sources de corruption, mais le cours de celles qu'il n'a pas taries est devenu plus profond et plus impétueux que jamais. Il a détruit, ou du moins il a restreint dans d'étroites bornes, le vice des nominations directes, mais il a donné un nouvel élan au vice plus grand de l'intimidation, et cela au moment même où il conférait la franchise à des milliers d'hommes accessibles à l'intimidation. Il est impossible de fermer les yeux à l'évidence qui nous presse de toutes parts. »

Ainsi, l'intimidation et la corruption, voilà les deux grands vices des mœurs politiques de l'Angleterre ; vices profonds, incorrigibles, que les réformes accomplies ont laissés dans toute leur force, que de nouvelles réformes ne feraient qu'accroître encore, que les progrès de l'esprit public peuvent seuls effacer, et que le bras de la législation ne saurait atteindre, parce qu'ils se développent sous la protection et à l'ombre de la législation elle-même.

La réforme, en créant des milliers de petits électeurs, n'a fait que jeter une nouvelle pâture au sphinx dévorant de la corruption. Tout fermier de 1250 franc dans les comtés, tout locataire de 250 francs dans les villes, a été investi du droit de suffrage. Qu'arrive-t-il ? C'est que les grands propriétaires créent toute une population d'électeurs qui sont leurs sujets, leur bien, leur chose. Le duc de Buckingham, au lieu d'affermer ses terres en grand, les subdivise à l'infini et les afferme sans bail ; puis, quand viennent des élections générales, autant de fermiers, autant d'électeurs, autant de votes acquis, et tous ces législateurs indirects vont voter militairement sous la bannière de leur maître, sous peine d'expulsion. M. Sheil, dans son langage irlandais plein d'images, montrant un de ces malheureux électeurs au moment du vote, s'écriait : « Il voit d'un côté l'homme qu'il est habitué à regarder comme le libérateur de son pays, et il sent son cœur se gonflés ; puis il voit d'un autre côté le champion de cette tyrannie hautaine qui, il y a peu de temps encore, foulait aux pieds son pays, calomniait sa religion, désho-

John Lemoinne

norait ses filles, et l'accablait de son mépris. C'est pour cet homme qu'il est appelé à voter ! Pâle et tremblant, il monte sur les *hustings* comme sur un échafaud, et prononce, non pas le nom de celui qu'il aime et respecte, mais le nom de celui qu'il méprise et qu'il abhorre ! Ou bien il se révolte contre la tyrannie, et il vote selon sa conscience. Ah ! malheureux ! Avant un mois, avant une semaine peut-être, tout ce qu'il possède sera saisi et enlevé ; le cheval qui traînait la charrue, la vache qui donnait le lait, le lit sur lequel il oubliait quelquefois ses angoisses, tout sera pris, et il s'en ira avec la Providence pour guide, et Dieu, je l'espère, pour vengeur. »

Voilà le sort des petits fermiers. Cette domination des propriétaires est tellement inhérente aux mœurs anglaises, que lord Stanley disait en plein parlement qu'il suffisait de connaître dans quel sens voterait telle ou telle famille pour déterminer d'avance l'issue de l'élection d'un comté. Aux dernières élections générales, il se présenta un fait curieux. Le duc de Leeds, qui avait de grandes propriétés dans le Yorkshire, venait de mourir, et on ne savait pas encore quel parti choisirait le nouveau duc. Pendant quinze jours, les candidats des deux parts s'abstinrent de *canvasser* les fermiers. A la veille du vote, un des candidats rencontra un électeur qui lui dit : A la fin, nous avons reçu des ordres ; il paraît que nous votons pour les *jaunes* (pour les whigs). En effet, les fermiers du duc de Leeds votèrent tous jusqu'au dernier pour les whigs.

Ainsi des campagnes, ainsi des villes. Ici même, la situation se complique. Il y a l'influence des propriétaires sur les locataires, et l'influence des pratiques sur les marchands. Londres, par exemple, est presque exclusivement la propriété d'un petit nombre de familles ; le marquis de Westminster, chef des Grosvenor, le duc de Bedford, chef des Russell, et d'autres encore, possèdent des quartiers tout entiers. Qui les empêche de suivre l'exemple qui a été donné dans certaines villes, où des propriétaires, quelque temps avant les élections, forçaient leurs locataires à convertir des baux à l'année en baux à la semaine, et prenaient soin de faire tomber le terme de l'échéance au jour même du vote, de sorte que les électeurs se trouvaient ainsi sous le coup d'une expulsion immédiate ? On a vu un pair d'Angleterre, après une élection, chasser en un jour de leur logis soixante de ses locataires. C'est ce que le duc de Newcastle, par un mot devenu célèbre, justifiait en disant : « Nous

Mœurs électorale de la Grande-Bretagne

avons le droit de faire ce que bon nous semble avec ce qui nous appartient. » Et que peut faire un malheureux marchand que dix de ses pratiques menacent d'abandonner s'il vote pour les *bleus*, et que dix autres menacent également s'il vote pour les *jaunes* ? De quelque côté qu'il se tourne, n'est-il pas sûr de perdre ? Ainsi placé, comme le fidèle compagnon de Buridan, entre deux bottes de foin, se laissera-t-il mourir d'inanition faute de savoir choisir ? Il n'a pas même la triste liberté de s'abstenir : bon gré, mal gré, il faut qu'il vote. A la dernière élection de Bristol, un électeur, pour se dispenser de voter, s'était mis au lit. Pour se rendre malade, il avait pris médecine ; et, pour se rendre plus malade, il avait pris médecin. Mais voici que, le jour fatal, les tories lui envoient un médecin tory, qui ordonne qu'on le porte au vote sur une chaise… Sur quoi, le paralytique, de guerre lasse, fait un miracle, se lève et va voter comme tout le monde.

L'usage de la corruption n'est pas moins répandu que celui de l'intimidation. On a fait d'ingénieuses distinctions entre ces deux genres d'influence. On a dit que l'intimidation était la corruption dans sa forme la plus oppressive, la corruption dépouillée de toutes ses douceurs et de ses formes de libéralité, qu'après tout, 20 ou 25 millions, répandus par les classes riches dans les classes pauvres, ne laissaient pas que d'y produire un certain bien-être ; que supprimer la corruption, ce serait donner une force nouvelle à l'intimidation, qui a l'avantage d'être moins coûteuse, et l'avantage plus grand encore de l'impunité, car, si la loi peut atteindre, jusqu'à un certain point, l'homme qui corrompt pour ainsi dire avec bienfaisance, elle n'a aucune prise sur celui qui corrompt par les menaces et la vengeance.

Ainsi, non-seulement la corruption est justifiée, en Angleterre, par les traditions, mais elle y jouit même d'une certaine popularité. C'est à l'ombre et sous la protection de ce sentiment public qu'elle a grandi, et qu'elle a pris un développement tel que le scandale a appelé la répression. Nous avons dit que la classe des électeurs sur laquelle s'exerçait principalement le système de corruption était celle des *freemen*, ce qui veut dire, sans doute par antithèse, hommes libres, hommes admis à la franchise. On est *freeman* par droit de naissance, ou on le devient par apprentissage. Ceux de cette dernière classe, étant obligés de donner quelques garanties de travail

John Lemoinne

et d'industrie, valent généralement mieux que les *freemen* héréditaires. Ceux-ci sont la honte et la plaie du corps électoral anglais,
l'écume de la démocratie, si tant est qu'il y ait véritablement une
démocratie en Angleterre. Ils considèrent comme le premier de
leurs privilèges celui de se vendre ; aussi ont-ils trouvé une protection constante auprès de l'aristocratie. Ici encore, le bill de réforme
a donné une nouvelle impulsion à l'usage de la corruption. A l'aide
de l'enregistrement régulier des électeurs, qui n'avait pas lieu avant
la réforme, on connaît maintenant le nombre des votants, et on
peut préjuger assez exactement quel sera le résultat du vote. Les
candidats savent donc à peu près combien de voix ils doivent acheter, et, comme les *freemen* sont toujours à vendre, il se fait sur eux
des enchères et des surenchères où la majorité s'emporte de haute
lutte.

Rendons justice aux auteurs du bill de réforme. Ils avaient com-
pris qu'en donnant le droit de représentation à de grandes villes qui
ne l'avaient pas, ils le devaient enlever à une classe corrompue qui
était indigne de le garder. Mais, sur ce terrain, ils rencontrèrent le
parti aristocratique, qui se fit le champion déterminé de ce qu'il ap-
pelait les droits du peuple. Les tories se portèrent donc les protec-
teurs des *freemen* ; il les défendirent au nom d'une idée toute-puis-
sante en Angleterre, celle de l'inviolabilité du droit, du respect de
la propriété et de l'hérédité. « Si une fois vous attaquez l'hérédité,
disait sir Charles Wetherell, vous ne savez pas où vous irez. Il y a
deux manières de détruire les droits héréditaires : de haut en bas,
ou de bas en haut. Jetez-les yeux sur un pays voisin (la France),
vous y verrez un frappant exemple de la première manière. Ce que
vous voulez faire aujourd'hui, en détruisant les droits héréditaires
des *freemen*, n'est autre chose que la manière inverse. Je voudrais
bien savoir comment les ministres de la Grande-Bretagne, après
qu'ils auront mis en pratique le monstrueux principe de dépouiller
les *freemen* des droits dont ils ont joui pendant des siècles, sauront
refuser à leurs alliés libéraux la destruction des autres droits héréditaires qui font partie de la constitution. Lord John Russell et lord
Althorp appartiennent à la pairie héréditaire du royaume ; quand
ils auront ravi aux corporations leurs droits acquis, qu'auront-ils
à répondre à ceux qui voudront faire d'eux le citoyen Russell et le
citoyen Althorp ? » Le parti radical, qui ne voulut voir dans la sup-

pression de ces privilèges qu'une restriction du droit de suffrage, se rallia en cette occasion au parti aristocratique, et les droits des *free-men* furent maintenus.

Ce fut ainsi que cette classe vénale, cette officine de corruption et d'immoralité publique, sortit vivante des mains de la réforme, et que l'équilibre que les auteurs du bill de 1831 avaient voulu établir dans la représentation nationale par la fondation d'une classe moyenne, se trouva détruit par les efforts des deux partis extrêmes. L'aristocratie, à laquelle on enlevait les bourgs pourris, y substitua des électeurs pourris.

Jamais peut-être le flot de la corruption n'avait plus coulé à pleins bords qu'il ne l'a fait aux dernières élections. Le scandale a été si grand, que le parlement lui-même a été obligé, bien à contre-cœur, d'en rougir, et a senti la nécessité de prendre des mesures de répression. C'est un député radical, M. Roebuck, qui a attaché le grelot, et c'est sur sa proposition et sous sa direction que la chambre des communes a mis, pour ainsi dire, en accusation six de ses membres, prévenus d'avoir employé des moyens de corruption dans leur élection.

L'enquête ordonnée à nette occasion par la chambre a révélé des faits extraordinaires. A l'élection de Harwich, il a été dépensé par M. Attwood et le major Beresford 6,300 liv. sterl. (157,500 fr.) dans un collège composé de 182 électeurs. Plus de 75,000 francs ont été répartis de la main à la main entre trente-trois personnes.

L'élection de Nottingham a présenté un exemple très curieux de ce qu'on appelle en Angleterre le système des *compromis*, et dont voici l'explication. Quand un candidat qui a échoué croit pouvoir prouver légalement que son concurrent a employé des moyens de corruption, il adresse à la chambre des communes une pétition contre son élection. Quand la corruption est prouvée, le collège électoral qui a été convaincu de s'être laissé acheter perd son droit de représentation. Si donc le candidat élu se voit menacé par l'évidence, s'il se voit près de perdre son siége au parlement, et, par suite, d'être la cause de l'interdiction du bourg qui l'a nommé, il transige avec son adversaire, et donne sa démission sous la condition que la plainte portée contre lui soit retirée, et en même temps il s'engage à ne pas s'opposer à l'élection de son concurrent, qui

John Lemoinne

reste, ainsi maître de la place.

C'est ce qui est arrivé, cette année, à Nottingham. Les candidats à la représentation de cette ville étaient, pour les whigs, sir John Cam-Hobhouse, l'ancien ministre des affaires des Indes, et M. Larpeut ; pour les tories, M. Walter, principal propriétaire du *Times*, et M. Charlton. L'élection était une des plus turbulentes de toutes celles des trois royaumes, et les candidats whigs y avaient déjà dépensé 300,000 francs, quand les deux candidats tories, qui de leur côté avaient déjà dépensé 125,000 francs, ayant recueilli, dès une demi- heure après le commencement du vote, des preuves suffisantes de corruption de la part de leurs adversaires, leur abandonnèrent la place, les laissèrent tranquillement achever leur triomphe, et suscitèrent une pétition contre leur élection à la chambre des communes. Les deux whigs, se voyant pris, transigèrent, et il se fit un compromis par suite duquel M. Larpent donna sa démission au bénéfice de M. Walter. Pour montrer avec quelle régularité se font ces sortes de marchés, nous ne pouvons faire mieux que de reproduire l'acte en bonne forme qui fut passé par les agents des deux parties. Voici ce *memorandum*, daté de Londres, le 4 mai 1842 :

« Il importe de régler les contestations pendantes, et il est convenu que :

« 1° Toutes les pétitions seront retirées.

« 2 D'ici à quatre jours, un des sièges à la chambre sera abandonné.

« 3° La somme de 25,000 francs sera payée à MM, etc., d'ici à sept jours, en considération des dépenses faites pour cette pétition.

« 4° Il est entendu que M. Walter occupera le siège devenu vacant, et, comme gage de son élection, il est convenu que MM. N. et N. s'engagent à ne s'y opposer ni directement ni indirectement.

« 5° Un billet de 4,000 liv. sterl (100,000 fr.), signé par sir John Hobhouse et M. Larpent, sera déposé chez MM. N... banquiers à Londres ; MM. Bacon et Sutton Sharpe décideront si les conditions ont été honorablement remplies, et, s'ils jugent qu'elles ne l'ont pas été, le billet sera remis à M. Walter. »

C'est cet acte curieux qui a formé la principale pièce d'évidence contre M. Larpent et M. Walter devant la commission d'enquête.

Mœurs électorale de la Grande-Bretagne

Nottingham, qui contient environ cinq mille électeurs, et parmi eux plus d'un millier de *freemen*, passe pour un des bourgs les plus ouverts à la corruption et à la vénalité qui soient dans la Grande-Bretagne. On peut juger par quelques exemples jusqu'à quel point le bourg de Nottingham mérite la réputation dont il jouit ; nous prendrons ces exemples dans le rapport de la commission. Le président, M. Roebuck, interroge M. Fladgate, l'agent de M. Walter :

D. — Quels ont été les faits principaux de corruption ?

R. — On a mis en usage ce qu'on appelle à Nottingham le système de l'argent du panier (*basket money*), qui consiste en ceci : trois ou quatre semaines avant l'élection, les votants viennent trouver les membres actuellement en possession, ou leurs agents, pour leur demander l'argent du panier, qui est ainsi appelé parce qu'on le donne le samedi, jour de marché, et qu'il est censé devoir être employé à acheter des provisions pour la semaine. La distribution a généralement lieu dans une auberge désignée à cet effet, et les votants reçoivent alors de 10 à 12 shellings… Mais il est encore douteux que l'argent du panier puisse être considéré comme un acte de corruption. . . Nous aurions donc eu à prouver que d'autre argent avait été donné directement pour des votes.

Ceci n'est qu'une seule des variétés de corruption employées à Nottingham ; il y en a d'autres infiniment plus pittoresques, telle que celle qui consiste à enfermer les votants comme des moutons dans un parc, ou à les emporter ivres à quelques vingtaines de milles du lieu de l'élection. Nous laissons encore parler l'agent de M. Walter :

« Nous aurions prouvé qu'un grand nombre des votants avaient été enivrés et emmenés dans différents endroits du voisinage et quelquefois très loin ; il y en a vingt qui ont été emmenés jusqu'à Gravesend. Nous aurions prouvé que pendant ces voyages on avait déterminé plusieurs de ces hommes à promettre leur vote, et que ceux qui ne l'avaient pas promis avaient été emmenés à une telle distance qu'ils n'auraient jamais pu revenir à temps pour voter.

D. — Pourriez-vous dire combien on en a ainsi transporté ?

R. — Je puis dire qu'environ trois cents électeurs ont été ainsi emmenés dans différentes parties du royaume. J'ai cité Gravesend parce que cette ville est très loin de Nottingham.

John Lemoinne

D. — N'y a-t-il pas eu des électeurs enfermés (*cooped*) ?

R. -Oui ; il y en a eu qui ont été enfermés, non pas à Nottingham, mais à douze milles de là, dans des maisons.

D. — Pourriez-vous dire dans quelles maisons ?

R. — Dans celle de lord Rancliffe, etc., et aussi dans les jardins de lord Melbourne, à Melbourne. Ils ont été parqués dans les jardins de lord Melbourne trois ou quatre jours avant l'élection ; ils couchaient comme ils pouvaient dans les auberges du voisinage ; le matin, on les emmenait dans les jardins, on les y gardait toute la journée, et on les faisait boire pour pouvoir les garder la nuit.

D. — Combien y avait-il d'électeurs ?

R. — Cinq mille, et j'ai calculé qu'il y en avait deux mille qui avaient été achetés.

Décidément, le ministère de lord Melbourne ne brille pas dans toute cette affaire ; ce sont les jardins de lord Melbourne lui-même, alors premier ministre, qui servent à parquer le troupeau électoral, et ces procédés cavaliers s'exécutent précisément au bénéfice d'un de ses collègues, sir John Hobhouse. L'ancien ministre des Indes a été interrogé par la commission, et sa déposition n'est pas la moins curieuse. En voici quelques passages :

« Je déposai d'abord 5,000 liv. st. (125,000 fr.) chez un banquier ; M. Larpent s'engagea également à déposer 125,000 fr. Je payai encore ultérieurement 50,000 fr.

D. — De sorte que vous avez personnellement dépensé 7,000 liv. st. (175,000 fr.)

R. — Oui, sans compter les dépenses du compromis.

D. — Pourriez-vous nous dire ce que vous ont coûté vos élections précédentes à Nottingham ?

R. — Ma première élection m'a coûté peu de chose, environ 1,800 liv. st. (45,000 fr.) ; la seconde, celle de 1837, m'a coûté 100,000 fr.

D. -Avez-vous vu, à Nottingham, des troubles qui aient nécessité l'intervention de la force armée ?

R. -Oui. Quand j'arrivai à Nottingham, je vis beaucoup d'agitation dans la ville ; mes amis me dirent que je ne pouvais pas sortir en sûreté si je n'étais bien gardé, et ils m'empêchèrent de sortir. Quand je voulus absolument sortir, ce que je fis avec un ou deux de mes amis, je fus obligé de prendre des rues détournées et de faire le grand tour pour sauver ma vie. On m'aurait tué, si je n'avais pris ces précautions. Le jour de la nomination, une troupe d'hommes à cheval, que je sus depuis être la *yeomanry*, vint se ranger en ordre sur la place de la bourse, où se faisait la nomination, et où il y avait une foule compacte. Il s'engagea une véritable bataille. Il y eut aussi beaucoup de violences dans la salle où nous étions. Après la nomination, je voulus sortir avec M. Larpent pour retourner à notre hôtel, mais le maire me dit qu'il ne me laisserait pas sortir, parce que ma vie serait en danger, et qu'il avait envoyé quérir la force armée. Un escadron de dragons arriva peu de temps après : les hommes, sabre en main, se formèrent en triangle, et voulurent emmener M. Larpent et moi jusqu'à l'hôtel, mais nous refusâmes, ne voulant pas que l'on pût dire que nous ne pouvions faire cent cinquante pas dans une ville que nous avions représentée au parlement. Nous sortîmes tous les deux bras dessus bras dessous, escortés des deux côtés par nos amis et nos partisans, c'est-à-dire par des hommes qui nous protégeaient par la force de leurs bras, quelques-uns avec des bâtons, pendant que nos adversaires cherchaient à nous donner des coups par-dessus leurs têtes.

D. — Avez-vous quelque raison de croire que ces violences fussent spécialement dirigées contre vous ?

R. — Oui. J'étais le plus impopulaire des deux, parce que j'avais appuyé la nouvelle loi des pauvres. Je n'ai pas le moindre doute qu'il y avait des gens, dans la ville très déterminés à me tuer, s'ils avaient pu me prendre. »

Il paraît qu'il en coûte, en Angleterre, pour être candidat, pour être élu, et pour avoir été ministre.

M. Larpent, le collègue de sir John Hobhouse, avait aussi pris sa part de ces faveurs populaires. Lors de sa précédente candidature, il n'avait pu paraître dans les rues sans recevoir des pierres : pour se mettre à l'abri d'un semblable accueil aux élections générales, il eut soin d'engager une bande nombreuse de gens qu'on appelle, en langage technique, des agneaux (*lambs*). Les agneaux ne sont autre chose, que des *freemen* que l'on emploie comme coureurs et comme *canvasseurs* adjoints ; on leur donne généralement trois shellings par jour ; la paie se fait le samedi, et cet argent s'appelle

John Lemoinne

encore « l'argent du panier. » M. Larpent se vit donc dans la nécessité de se faire une garde du corps avec ces agneaux.

« Ces *lambs*, dit-il, coûtent très cher, et sont certainement très répréhensibles ; mais, pour montrer où en étaient les choses, je dirai que, le jour de la nomination, j'allais à la bourse, donnant le bras à lord Rancliffe ; un homme s'avança par-dessus la foule pour nous donner un coup, et, comme j'étais plus grand que lord Rancliffe, ce fut moi qui le reçus. Un de nos amis jeta cet homme par terre ; mais il fut à son tour renversé sur lui, et une bataille commença... J'eus à faire des dépenses énormes. Pour tous les comités, il y avait des avocats, des messagers, des imprimeurs. Comme mon concurrent (M. Walter) avait des relations avec la presse, il envoya de Londres à Nottingham des journalistes qui créèrent immédiatement un journal contre moi. Je fus obligé de faire comme eux et de riposter par un autre journal. Tout cela m'a coûté beaucoup d'argent, en coureurs, en imprimeurs, en écrivains, etc. »

Les agneaux, à Nottingham, étaient divisés en sept districts ; chaque district avait un comité, et il y avait en outre un comité général. Mais, quand on les payait à l'avance, ils ne gardaient pas toujours leur parole et se faisaient payer une seconde fois par le parti opposé pour faire volte-face. La vénalité s'étalait en plein soleil, et le rapport de la commission d'enquête abonde en exemples de ce genre. Un agent des candidats whigs disait dans sa déposition :

« Les électeurs disaient sans hésitation : « Nous ne voterons pas sans argent, » et la seule question qu'ils fissent était : « Combien nous donnerez-vous ?... » Ils étaient si décidés à se faire payer, qu'en beaucoup de cas ils réclamaient l'argent d'avance... J'attribuerais volontiers la cause de cette vénalité, d'abord à l'accroissement de la pauvreté, puis à l'absence de toute opinion politique. Beaucoup disaient : « Nous nous moquons de la politique ; c'est une affaire entre whigs et tories, et ni les uns ni les autres ne feront rien pour nous. »

D. — Avez-vous quelques détails sur le système de corruption ?

R. –Il n'y avait aucun système particulier ; les votants regardaient la chose comme toute naturelle, et n'avaient pas l'air de penser à mal. »

En présence de pareils faits, rien n'est plus curieux, ou, pour mieux

Mœurs électorale de la Grande-Bretagne

dire, rien n'est plus plaisant que l'air innocent, l'air « agneau » que se donnent les candidats. A les entendre, ils ne savent pas de quoi on veut leur parler Ils ont bien lu quelque part dans les livres ou dans les journaux qu'il se rencontrait quelque chose comme de la corruption dans les élections, mais, personnellement, ils s'en lavent les mains. Cela ne les regarde pas, c'est l'affaire de leurs amis. Peuvent-ils empêcher que leurs partisans ne se portent, en leur faveur, à quelques excès de zèle tant soit peu compromettants ? Sans doute ils donnent quelques milliers de louis, mais ils ne savent pas quel usage on en fait ; ils ne s'occupent pas de ces misères. Écoutez encore sir John Hobhouse. On lui demande quelle garantie il avait que son argent serait dépensé à son bénéfice, et il répond :

« Cela dépendait uniquement de la bonne foi d'un seul individu. Je n'avais d'autre garantie que sa parole, et il ne m'a jamais rendu de comptes en aucune façon.

D. — Avez-vous personnellement eu connaissance que de l'argent ait été donné pour des votes en votre faveur ?

R. — Très certainement non. »

A l'élection de Harwich, sur cent quatre-vingt-deux votants, deux candidats ont dépensé plus de 150,000 francs, sans compter ce qu'ont dépensé leurs concurrents. Le rapport de la commission dit :

« La plus grande partie des électeurs a été achetée. Les candidats déclarent solennellement que ni avant ni pendant l'élection ils n'ont eu connaissance d'aucun acte de corruption. »

En ce qui concerne l'élection de Reading, dans laquelle il a encore été dépensé quelques centaines de mille francs, les candidats affirment « qu'aucun argent n'a été employé directement à la corruption. Ils conviennent bien qu'une si forte somme n'a pu être appliquée uniquement à des dépenses légales, mais leur agent a refusé de rendre des comptes. »

Pour l'élection de Bridport, M. Warburton déclare solennellement que, « quant à lui, il n'avait pas eu la moindre connaissance que ses amis eussent employé des moyens de corruption, que ces manœuvres avaient été mises en usage tout-à-fait à son insu et sans son autorisation, implicite ou explicite, et que, s'il a donné sa démission, ce n'est pas par crainte pour lui-même, mais uniquement

John Lemoinne

par inquiétude pour ses amis, qui, ainsi qu'il l'a découvert après l'élection, avaient été impliqués dans les menées des amis d'un de ses collègues. »

Ceci nous rappelle cette saillie pittoresque que nous avons entendue dans un autre parlement : « Qu'est-ce qu'un carliste ? où s'en trouve-t-il ? Pourriez-vous me faire le plaisir de me montrer un carliste ? C'est de la même manière que les puritains anglais s'écrient : « Pourriez-vous me faire le plaisir de me dire ce que c'est que la corruption ? » Le comité d'enquête, interrogeant ce même M. Larpent que nous avons vu plus haut, lui dit :

— De tout ce qui s'est passé, n'arrivez-vous pas à la conclusion qu'on a fait un usage considérable de moyens de corruption ?

R. — Voici la conclusion à laquelle j'arrive. Un certain nombre d'électeurs, par suite d'une coutume ou autrement, autant du moins que je puis le savoir, étaient habitués à recevoir de l'argent. La concurrence, l'excitation qui régnait alors, et la supposition que les deux partis se montreraient de bonne volonté, ont fait que ce genre de libéralité a été porté au-delà de ce qu'il avait jamais été. C'est du moins l'effet que cela m'a fait ; car, quant à l'existence de quelque chose comme un système de corruption, de la part de sir John Hobhouse ou de la mienne, quant au fait d'une distribution d'argent à des personnes à nous connues, c'est ce qui est totalement et directement contraire à la vérité. Je n'ai jamais donné un shelling à qui que ce fut durant mes élections, et je ne me suis mêlé de rien absolument ; mais j'ai lieu de croire, si on me demande quelle impression j'ai gardée de ce qui s'est passé, qu'il y avait des personnes de classe inférieure qui étaient dans l'habitude de recevoir de faibles sommes, et que, par suite de l'excitation qui régnait au moment de l'élection, cette somme, qui n'était d'abord qu'une sorte de *douceur* (sic) illégale sans doute, mais peut-être pas très répréhensible, s'était élevée au point de prendre les caractères de la corruption. Voilà tout ce que je sais ; mais c'est uniquement une impression qui m'est restée dans l'esprit.

L'impression qui restera dans l'esprit du public sera-t-elle plus forte que celle qui est restée dans l'esprit de M. Larpent ? Nous avouerons franchement que nous en doutons beaucoup. Ces singulières révélations excitent en Angleterre beaucoup plus de curiosité

Mœurs électorale de la Grande-Bretagne

que de scandale : au dedans du parlement, c'est à qui témoignera la plus profonde horreur pour la corruption ; mais au dehors, dans les clubs, dans les conversations privées, dans les couloirs même de la chambre, ces aventures électorales sont regardées comme tout-à-fait inoffensives, et sont un sujet inépuisable d'hilarité. De tout temps, on a voulu réprimer la corruption par des lois, et toujours les lois sont venues échouer contre les mœurs. Il en sera ainsi tant que le sentiment public n'aura pas condamné la vénalité. Les lois ne font pas le sens moral, elles le suivent.

Puisque la législation directe ne peut atteindre la corruption électorale, faut-il chercher un remède à ce mal profond dans de plus larges réformes ? Cette question nous amène à l'examen d'une mesure qui a été bien des fois proposée et discutée dans le parlement, et qui a toujours été repoussée par les hommes qui veulent le maintien des institutions aristocratiques, par les whigs comme par les tories, par lord John Russell comme par sir Robert Peel : nous voulons parler du scrutin secret, qu'on appelle en Angleterre *ballot*.

L'usage du scrutin secret en Angleterre serait-il compatible avec les institutions du pays telles qu'elles existent aujourd'hui ? Nous ne le croyons pas. De plus, le scrutin secret serait-il véritablement efficace, et servirait-il de frein à l'intimidation et à la corruption ? Nous ne le croyons pas davantage. D'abord, le scrutin serait-il réellement secret dans un pays où il y a huit cent mile électeurs, où toutes les questions possibles, religieuses, politiques, commerciales, financières, se discutent à ciel ouvert, ou à table ; où la législation directe reçoit l'impulsion d'un nombre infini de législations indirectes qui s'organisent et siègent en dehors d'elle, et où le premier fondement des mœurs politiques est et a toujours été une publicité sans bornes ? « Je veux bien croire, disait lord John. Russell, que d'ingénieuses personnes ont porté à la dernière perfection le mécanisme de l'urne du scrutin, et qu'elles ont trouvé un certain moyen de placer dans une chambre une certaine mécanique qui assurera aux votes le plus inviolable secret ; mais dites-moi, je vous prie, par quelle sorte de mécanisme vous rendrez un fermier anglais ou un marchand anglais réservé et discret dans toutes ses démarches ; montrez-moi comment vous pourrez tellement changer le caractère d'un Anglais, que son *landlord* ne puisse pas savoir une

John Lemoinne

année d'avance comment il votera. Montrez-moi comment vous ferez que dans un club, ou à un dîner, ou dans la familiarité de la vie privée, il ne trahisse pas ses opinions. »

Lors même que l'électeur anglais saurait contenir l'expression de ses opinions, le secret du scrutin le mettrait-il à l'abri de la vengeance du plus fort ; et ne pourrait-il pas arriver, au contraire, que, dans le doute, l'innocent, comme le coupable (aux yeux du *landlord*, serait l'objet des mêmes soupçons et enveloppé dans la même persécution ?

Toutefois, on ne peut nier que le scrutin secret ne dût exercer une certaine influence sur le système d'intimidation, et que, dans des comtés et des villes où le nombre des électeurs serait considérable, les fermiers et les marchands ne dussent y trouver un abri contre l'inquisition des *landlords* ; mais, pour ce qui concerne la corruption, les partisans les plus décidés du scrutin secret conviennent eux-mêmes qu'il ne ferait qu'élargir la plaie.

En effet, on peut raisonnablement attendre qu'il se trouvera encore plus d'électeurs prêts à se laisser corrompre en secret, qu'il ne s'en trouvait prêts à se vendre en public. Il arrivera aussi que certains électeurs se feront payer des deux côtés et recevront des deux mains, car un homme qui a la conscience assez large pour se vendre une fois ne fera aucune difficulté de se vendre deux fois. Et si les candidats veulent éviter ces chances de mystification, et ne pas perdre leur argent, qu'arrivera-t-il encore ? C'est qu'ils commenceront par faire du succès la condition du paiement ; au lieu de payer avant, ils ne paieront qu'après ; au lieu d'acheter des partisans, ils annonceront à son de trompe qu'ils ont déposé une centaine de mille francs chez un banquier de la ville, et que, s'ils sont nommés, il en sera fait une répartition générale à tous les votants, amis ou ennemis. Ce sera l'enchère érigée en système.

Les adversaires du scrutin secret le combattent encore par d'autres raisons plus spécieuses que solides, et où l'on retrouve ce singulier caractère de libéralisme que l'aristocratie anglaise apporte presque toujours dans ses maximes politiques. Le scrutin secret, disent-ils, serait une atteinte au droit des classes non représentées. Le droit de suffrage est déjà un degré de représentation ; le citoyen qui en est investi est responsable auprès du public de son droit d'électeur

Mœurs électorale de la Grande-Bretagne

comme le représentant est responsable auprès de ses constituants de l'accomplissement du mandat qu'ils lui ont confié. Les juges du royaume en portant leurs sentences, les chambres du parlement dans leurs discussions et dans leurs votes, le souverain lui-même dans l'exercice de sa prérogative, agissent sous les yeux de la nation, et par conséquent sous l'impulsion de l'opinion publique. Pourquoi donc la classe privilégiée des électeurs serait-elle seule exempte de ce contrôle ? Pourquoi jouirait-elle du monopole d'une sorte d'impunité que ne possèdent ni les tribunaux, ni les chambres, ni la couronne ? Que sont les électeurs, sinon les représentants du reste de lai population ? Et de quel droit exerceraient-ils, à l'ombre du scrutin, une dictature irresponsable qu'eux-mêmes ne voudraient point concéder à leurs représentants ? Si les 659 membres de la chambre des communes sont les délégués de 800,000 électeurs, ces 800,000 électeurs ne sont-ils pas eux-mêmes les délégués des 24 millions d'habitants de la Grande-Bretagne ?

Un autre argument des adversaires du scrutin secret, argument qui n'est pas exempt d'une certaine puérilité, c'est que le mystère est incompatible avec le caractère national des Anglais. Laissons encore parler lord John Russell : « Il reste à savoir, disait-il, si, quand vous aurez atteint ce vice politique de l'intimidation, vous ne l'aurez pas remplacé par le vice social et moral de la déception et du parjure ; quant à moi, je ne suis point prêt à faire cet échange… Si, par le secret du vote, vous arrivez à changer le caractère anglais, vous aurez peut-être diminué la somme de la corruption et de l'intimidation, mais le mal, le mal gigantesque que vous produirez, surpassera de beaucoup le bien que vous aurez pu faire, et la perte du caractère honnête, franc et loyal de l'Anglais sera un vide que rien ne pourra jamais combler. »

Ce genre de raisonnement peut avoir son prix dans une chambre anglaise, il peut flatter agréablement la fibre nationale, et nous ne nous étonnons point qu'il obtienne une sorte de popularité ; mais on nous permettra de n'y voir guère autre chose qu'une amplification patriotique dont l'effet n'est pas destiné à s'étendre au-delà de la frontière ni même au-delà de l'enceinte des deux chambres. Si la loyauté naturelle des Anglais ne leur permet pas de voter secrètement, elle devrait aussi bien leur interdire de voter contre leur con science, et nous ne voyons pas trop en quoi le mystère est plus

John Lemoinne

immoral que la vénalité.

De tous ces prétendus arguments, il n'en est pas un, nous sommes fâché d'avoir à le dire, qui soit parfaitement sincère. Il y a une raison supérieure que l'on ne veut pas avouer, la seule vraie, la seule sérieuse, et qui fera que longtemps encore la législature anglaise maintiendra la publicité des votes, c'est que le scrutin secret est une institution démocratique, et que l'Angleterre est un pays essentiellement aristocratique.

Des deux moyens d'influence que possèdent les riches sur les pauvres, l'intimidation appartient plus particulièrement au parti aristocratique, comme la corruption au parti libéral. L'intimidation s'exerce principalement parmi les classes agricoles, elle descend du propriétaire au fermier, et a pour domaine les campagnes ; or, c'est dans la terre que la véritable aristocratie prend ses racines. La corruption, au contraire, établit son siège dans les villes, et s'exerce surtout parmi les masses industrielles ; c'est l'arme des hommes enrichis par la spéculation. L'une est l'apanage naturel de la propriété héréditaire et aristocratique, l'autre appartient plus spécialement à la propriété mobile et démocratique.

L'aristocratie n'emploie l'intimidation et la corruption que comme des mesures défensives, car elle a pour elle la possession. Le grand propriétaire exerce un patronage naturel sur ses fermiers ; son influence existe par elle-même, et il ne transforme cette influence en abus de la force que lorsqu'elle est attaquée par une influence étrangère. La corruption a toujours été l'instrument des nouveaux venus, et c'est au parti libéral qu'en appartient l'initiative. On a rappelé que Walpole avait dépensé 250,000 liv. st. (12, 500,000, fr.) de fonds secrets dans les élections générales de 1727. Quand on lui reprocha cet abus de pouvoir, il déclara sans scrupule qu'il était nécessaire de combattre l'influence de l'aristocratie par la corruption. Chaque fois que s'élève un homme nouveau, fils de ses œuvres, il trouve sa place au soleil occupée par un possesseur héréditaire, et il n'a d'autre ressource que celle d'opposer à l'influence de la tradition l'influence de l'argent. C'est ainsi que les hommes qui dans tous les pays constituent généralement le parti du mouvement et du progrès, les hommes que nous appellerons, sans attacher à ce mot un sens blessant, les parvenus de la fortune et du talent, deviennent les créateurs et les fauteurs de la corruption.

Mœurs électorale de la Grande-Bretagne

Or, quel serait l'effet du scrutin secret ? De réprimer l'intimidation sans toucher à la corruption, c'est-à-dire d'enlever à l'aristocratie, à l'aristocratie territoriale surtout, ses moyens de défense, en laissant à la démocrate ses moyens d'attaque. Il se passera bien du temps encore avant que la grande propriété se laisse ainsi désarmer.

En résumé, l'usage de la corruption et de l'intimidation dans les élections est inhérent à la nature même des institutions anglaises, et est inséparable de la constitution actuelle de la propriété dans la Grande-Bretagne. Tant que la base du droit électoral ne reposera que sur une propriété fictive, l'indépendance des votes ne sera qu'un vain mot ; et tant que l'opinion publique ne secondera point la législation toutes les lois répressives ne seront qu'une lettre morte. Le progrès naturel des mœurs pourra seul atténuer, sinon guérir, ce mal profond ; mais le bras de la loi ne pourra l'atteindre qu'en frappant du même coup la propriété, et en renouvelant entièrement la face du sol.

ISBN : 978-1541085152

John Lemoinne